BEI GRIN MACHT SICH IHR WISSEN BEZAHLT

Georg Rabe

"Underachievement von Jungen - Perspektiven eines internationalen Diskurses"

Eine Ausarbeitung zu Margrit Stamms Aufsatz in der Zeitschrift für Erziehungswissenschaft

GRIN Verlag

Bibliografische Information der Deutschen Nationalbibliothek:

Die Deutsche Bibliothek verzeichnet diese Publikation in der Deutschen National-
bibliografie; detaillierte bibliografische Daten sind im Internet über http://dnb.d-
nb.de/ abrufbar.

Impressum:

Copyright © 2008 GRIN Verlag GmbH
Druck und Bindung: Books on Demand GmbH, Norderstedt Germany
ISBN: 978-3-640-80928-8

Dieses Buch bei GRIN:

http://www.grin.com/de/e-book/165279/underachievement-von-jungen-perspektiven-
eines-internationalen-diskurses

Carl von Ossietzky Universität Oldenburg

Fakultät I - Erziehungs- und Bildungswissenschaften

Institut für Pädagogik

Veranstaltung: PB MM 1a - Die Herstellung von Bildungsungleichheit durch die Grundschule

Wintersemester 2008/09

Referatsausarbeitung zum Thema:

Underachievement von Jungen
Perspektiven eines internationalen Diskurses

eingereicht am:

29. Dezember 2008

verfasst von:

Georg Rabe

Inhalt

1 Einleitung

Mit der vorliegenden Ausarbeitung soll die theoretische Grundlage zu dem Referat vom 17. Dezember 2008 nachgeliefert werden. Als Textfundament dient der Aufsatz *Underachievement von Jungen: Perspektiven eines internationalen Diskurses*, den die schweizerische Professorin Margrit Stamm in diesem Jahr in der *Zeitschrift für Erziehungswissenschaft* veröffentlichte. Demgemäß wird der Inhalt des Aufsatzes im folgenden Punkt zusammengefasst dargestellt. Im dritten und vierten Punkt wird jeweils ein Erklärungsmuster für Underachievement von Jungen mithilfe des Etikettierungsansatzes und ferner der Theorie Bourdieus interpretiert.

2 Zusammenfassung des Aufsatzes

Im Fokus des Aufsatzes von Margrit Stamm steht die sogenannte *Jungenwende*, mit der die verstärkte internationale Aufmerksamkeit beschrieben wird, die Jungen aufgrund ihres zunehmenden Fernbleibens aus anspruchsvollen Bildungsgängen, ihres problematischen Sozialverhaltens und ihrer im Vergleich zu den Mädchen schlechteren Schulleistungen zukommt (vgl. Stamm 2008: 106). Der Schwerpunkt liegt dabei auf dem *Underachievement* von Jungen, worunter nicht die negative Diskrepanz von reellen (Schul-)Leistungen und dem laut Intelligenztests möglichen Leistungsniveau, wie im Konzept der *Erwartungswidrigen Schulleistung* von Orthmann im Rahmen der Hochbegabtenförderung, verstanden wird (vgl. Rohrmann 2005: 93f).

Laut Stamm (2008: 107) werden als *Underachiever* diejenigen SchülerInnen bezeichnet, „die von der Schule nicht ihren Möglichkeiten entsprechend gefördert oder als Angehörige einer Risikogruppe an der Entwicklung ihres Potenzials gehindert werden." Verkürzt dargestellt wird Underachievement als Mangel an Bildungserfolg und Bildungsfortschritt gesehen (vgl. ebd.: 116).

2.1 Geschichtliche Verortung des Underachievement

In den 1950er und 1960er Jahren wurde im angloamerikanischen Raum die Institution Schule als Verursacher von Ungleichheit, jedoch in Bezug auf Mädchen, entdeckt. Im deutschsprachigen Raum wurde dieses Thema erst in den 1970er und 1980er Jahre aufgegriffen. Die damalige Literatur ging davon aus, dass Schulumgebungen und Unterrichtsstrukturen die spezifischen Bedürfnisse von Mädchen nicht berücksichtigen und sie deshalb an der Entwicklung ihres Potentials behindert werden (vgl. ebd.: 108). Mit dem Ende der 1980er Jahre wurde das schlechte Abschneiden bzw. die Benachteiligung von Mädchen im mathematisch-naturwissenschaftlichen Schulsegment als Erklärung dafür angesehen, dass sie diesbezüglich nur wenig Selbstvertrauen entwickeln und weiterführenden Bildungs- und Studiengängen fernbleiben, wodurch ihnen im Endeffekt psychischer Schaden zugefügt wird (vgl. ebd.: 108f). Mit dem Ende des letzten Jahrhunderts kam es schließlich dadurch zur Jungenwende, „dass die Jungen seit Mitte der 1990er-Jahre von den Mäd-chen in den unteren Testrängen in einigen (Australien, Neuseeland, USA) oder in nahezu allen Leistungsbereichen (England) regelmäßig übertroffen werden" (ebd.: 109). Auch im deutschsprachigen Raum nahmen sich die Medien dieses Themas an und thematisieren es auch aktuell noch regelmäßig, wie z.b. die Artikelüberschrift „Die Krise der kleinen Männer" (Spiewak 2007: 37) zeigt. Stamm (2008: 109) bemängelt diesbezüglich, dass der hiesige wissen-schaftliche Diskurs die Jungen trotz zahlreicher vorhandener Daten kaum in den Mittelpunkt ge-rückt hat. Zwar gelten die Jungen in der Gesellschaft mittlerweile als *Verlierer* der Bildungsex-pansion und die Frage nach ihrer spezifischen Förderung wird immer lauter, trotzdem sind aus dem wissenschaftlichen Diskurs bisher kaum explizite Zusammenhänge von Schulversagen und Underachievement von Jungen hervorgegangen (vgl. ebd.).

2.2 Statistische Fakten zum Bildungs(miss)erfolg von Jungen

Neben anderen statistischen Fakten erwähnt Stamm, dass sich eine Benachteiligung von Jungen im deutschen Schulsystem vor allem dadurch zeigt, dass Jungen am Gymnasium unter-, an Haupt-, Förder- und Sprachheilschulen jedoch überrepräsentiert sind und Mädchen im Schnitt häufiger anspruchsvollere Schulformen besuchen.

Zudem erzielen Mädchen höhere Bildungsabschlüsse (Abitur, Fachhochschulreife etc.) und Jun-gen verlassen sogar die Hauptschule deutlich häufiger ohne Abschluss. Überdies werden Jungen häufiger von der Einschulung zurückgestellt, wiederholen öfter eine Klassenstufe und schwänzen erkennbar häufiger den Schulunterricht als Mädchen. Auf der anderen Seite sind Frauen im späte-ren Berufsleben bzw. auf dem Arbeitsmarkt generell benachteiligt, z.B. nehmen sie seltener Spit-zenpositionen ein und sind öfter von Jugendarbeitslosigkeit betroffen (vgl. ebd.: 110f).

Auch die großangelegte PISA-Studie 2001 / 2003 förderte keine eindeutigen Ergebnisse über das Ausmaß des Underachievements bei Jungen in der Schweiz und in Deutschland zu Tage. So wie-sen die Mädchen eine höhere Lesekompetenz aus, wobei geringe Vorsprünge bei den Jungen in der mathematischen Grundbildung zu verzeichnen waren. Schließlich ergaben sich in der natur-wissenschaftlichen Bildung keine geschlechtsspezifischen Unterschiede. Jedoch basierte „der Leistungsvorsprung der Jungen [in Mathematik] vor allem auf der Spitzenleistung einer relativ kleinen Gruppe, während die Geschlechterverteilung im mittleren Leistungssegment ausgeglichen und im unteren Segment signifikant stärker zu Ungunsten der Jungen ausfiel" (ebd.: 110), was lediglich aufzeigt, dass die Leistungen der Jungen wesentlich mehr streuen als die der Mädchen (vgl. ebd.).

2.3 Fünf Erklärungsmuster

Die Bandbreite an vorhandener Fachliteratur wurde von Margrit Stamm analysiert und in folgende fünf Erklärungsmuster für das Schulversagen von unterteilt:

a) **Biologische Differenzen:** Ein Ansatz besagt, dass die Unterschiede zwischen den Geschlechtern als natürliches und unvermeidliches Ergebnis ihrer Hormone und die Leistungsunterschiede als Ergebnis unterschiedlicher Hirnstrukturen angesehen werden können. Aus diesem Grund müssten Schule und Unterricht sowie die geschlechtsspezifische Erziehung, nicht jedoch das Verhalten der Jungen selbst, zur Verbesserung der Situation der Jungen verändert werden (vgl. ebd.: 112f).

b) **Erfolglose Schulen (schlechter Unterricht):** Diesem Muster nach ist das Schulversagen von Jungen auf die schlechte Unterrichtsqualität an sogenannten *failing schools* zurückzuführen. Allerdings ist bisher kaum empirisch belegt, dass mittelmäßiger oder schlechter Unterricht die unzureichenden Schulleistungen von Jungen allein hervorrufen kann. Deswegen bevorzugt Stamm den Ansatz, dass die schlechten Leistungen von Jungen durch die Aufrechterhaltung der traditionellen Geschlechterhierarchie entstehen, die erstens durch die Überrepräsentanz an weiblichen Lehrkräften bei lediglich 20% Frauen im Amt des Schulleiters gegeben ist. Zweitens sind Jungen und Mädchen in Schulbüchern zwar gleich häufig vertreten, die Darstellung der Frauen spiegelt jedoch nicht den gesellschaftlichen Wandel wieder (vgl. Stamm 2008: 113f).

c) **Feminisierung der Schulen:** Zum einen führt die Überrepräsentanz weiblicher Lehrkräfte im Lehrberuf dadurch zu einer Benachteiligung der Jungen, dass bei der Bewertung ihrer schulischen Leistungen sowie ihrer allgemeinen Verhaltensweisen die Lehrerinnen ihre eigene geschlechtsspezifische Sozialisation als Maßstab heranziehen, und die Jungen deswegen als (den schulischen Alltag) störend empfinden. Diese unbewusste Praxis könnte ferner auch zur Vergabe schlechter Noten und seltenere Empfehlung für höhere Schulformen führen. Zum anderen berücksichtigt das jetzige Kerncurriculum durch selbstverantwortliches und projektorientiertes Lernen in wachsendem Maße die Lernstile und Lernbereitschaft der Mädchen. Somit könnte die Rückkehr zu traditionellen Unterrichtsmethoden, handwerklich ausgerichtetem Unterricht, mehr Wettbewerbsorientierung etc. die Leistungsfähigkeit von Jungen wieder stärken (vgl. ebd.: 114).

d) **Das Verhalten der Jungen:** Diesem Muster nach ist das Verhalten junger Männer geprägt durch einen neuen medienvermittelten Männlichkeitskult, der enormen Wert auf körperliche Stärke, Mut und Kameradschaft in der eigenen Peergroup, bewährt *maskuline* Tätigkeiten (Fußball, Autorennen etc.) setzt und mit einer abwertenden Sicht auf Weiblichkeit, aber großem Interesse an sexuellen Aktivitäten einhergeht. Das Schulversagen von sich derart verhaltenden Jungen ist vorprogrammiert durch dessen inhärente Anti-Lerner-Kultur, da sich gegenüber Autoritäten eher rebellisch und unangepasst gegeben wird, es an Arbeitsmotivation und Bildungsdisziplin mangelt und Erfolge sich selbst, Misserfolge jedoch anderen zugeschrieben werden. Dieses Verhalten wird vor allem von jungen Männern mit Migrationshintergrund gezeigt (vgl. ebd.: 114f).

e) **Feminismus und Mädchenförderung:** Diesem Muster gemäß galt es lange Zeit als politisch inkorrekt, geschlechtsspezifische Benachteiligungen von Jungen überhaupt zum Thema zu machen - die der Mädchen hingegen schon (vgl. Punkt 2.1). So sei es der feministischen Bewegung und der Mädchenförderung geschuldet, „dass die Mädchen von Barrieren befreit wurden, die ihnen lange Zeit in den Weg gelegt worden waren und sie deshalb aktuell ihr Potenzial voll entfalten könnten" (ebd.: 116). Demgemäß belegt eine neuere Studie, dass die derzeitige Ungleichheit in den Schulleistungen zum einen auf der Potenzialentfaltung der Mädchen und zum anderen auf den über zwei Jahrzehnte gleichgebliebenen Leistungen der Jungen beruht (vgl. ebd.).

2.4 Fazit

Margrit Stamm beendet ihren Aufsatz mit der Forderung nach mehr und vor allem differenzierterer empirischer Forschung auf dem Gebiet des Underachievement von Jungen, da der bisherige Diskurs hauptsächlich in den Medien geführt und in der Fachwissenschaft nur unzureichend aufgegriffen wurde. Die angeführten Erklärungsmuster werden dem Forschungsgegenstand nicht gerecht, da sie die sozialen, kulturellen, psychologischen und ökonomischen Kontexte unberücksichtigt lassen. Dies hat zur Folge, dass Underachievement lediglich als extrinsisch verursachte Behinderung des Lernens begriffen und der Einfluss einer gesellschaftlich gespiegelten, geschlechtstypisierenden Selbstkonstruktion von Identität ignoriert wird (vgl. Stamm 2008: 116). Zudem wird davon ausgegangen, dass der Erfolg eines Geschlechts zwingend den Misserfolg des anderen bedingt und dass die Jungen *entmachtete Opfer* von Feminisierungsprozessen (z.B. durch die Überrepräsentanz von Frauen im Lehrberuf; vgl. Punkt 2.3c) sind (vgl. ebd.: 117).

Stamm fordert hingegen einen veränderten Forschungsfokus, der <u>nicht</u> von einer Gruppenhomogenität ausgeht (*die Jungen*) und zudem eine Geschlechtertrennung unterlässt. Vielmehr sollen SchülerInnen nach bestimmten Kriterien wie Ethnie, soziale Herkunft und jugendkulturelle Verankerung aufschlüsselt und speziell auf diese hin untersucht werden, da dies die Bereiche sind, die am engsten mit dem Underachievement in Verbindung stehen. Demgemäß erweisen sich die bisherigen Erklärungsmuster als zu kurz gedacht und werden dem Problem nicht gerecht (vgl. ebd.: 118f). Folglich liegt es „in der Verantwortung der Forschenden, den wahren Impact der Benachteiligung zu ergründen und Wege zu finden, diese zu überwinden" (ebd.: 119).

3 Interpretation anhand des Etikettierungsansatzes

Im Folgenden werde ich den Erklärungsansatz *Das Verhalten der Jungen* (vgl. Punkt 2.3d) anhand des Etikettierungsansatzes interpretieren.

Das Verhalten der Jungen, die das *laddish behaviour* verinnerlicht haben und zeigen – die sogenannten *Lads* -, stehen durch die damit einhergehende Anti-Lerner-Kultur an sich dem Bildungserfolg im schulischen Rahmen entgegen. Beobachtet eine Lehrkraft zudem den Mangel an Motivation und Bildungsdisziplin oder gar rebellisches und aufsässiges Verhalten gegenüber der Lehrkraft als Autorität, wird dies von ihr typisiert, als unangebracht und lernabträglich bewertet und mit dem Schüler verknüpft (Vorgang der Charakterisierung).

Wird dem Schüler dieses Etikett bewusst, kann er dies als Bestätigung seines beabsichtigten Verhaltens als *Lad* ansehen und es deswegen nicht verändern wollen, woraus im Endeffekt schlechte Schulnoten resultieren (durch ausbleibende Beteiligung am Unterricht, Nichtakzeptanz der Autorität der Lehrkraft sowie sinkende Leistungen durch geringen Lernaufwand). Wenn der Schüler sich vom Etikett lösen will, kann er die Verantwortung für sein Tun von sich weisen, was dem Verhaltensrepertoire der *Lads* entspricht, als weiteres aufsässiges Verhalten gewertet wird und somit zum Prozess der Etikettierung beiträgt. Durch die Resignation und Übernahme des Etiketts durch den Schüler verstärk sich dessen *laddish behaviour*, was wiederum zur Bestätigung des Etiketts der Lehrkraft führt. Auch auf diesem Weg wird der Schüler schlechte Schulnoten erhalten bzw. zum Underachiever werden. Ggf. schließt sich der Schüler ähnlich etikettierten Schülern an, was zur *aggressiven Cliquenbildung* und schließlich zur Aussonderung führen kann (vgl. ebd.: 115).

Versucht sich ein Schüler von seinem negativen Etikett zu lösen, indem er sich besonders konform verhält, muss er dazu sein *laddish behaviour* ablegen und eine andere, angepasste Identität als Schüler entwickeln, um auf diese Weise das alte Etikett zu löschen und durch ein positives Etikett, Lernfleiß und Unterrichtsbeteiligung seine Schullaufbahn nicht als Underachiever zu besiegeln.

4 Interpretation anhand Bourdieu

In diesem Punkt werde ich den Erklärungsansatz *Feminismus und Mädchenförderung* (vgl. Punkt 2.3e) mithilfe einiger Elemente aus Bourdieus Sozialisationstheorie interpretieren.

Im Allgemeinen besagt das Erklärungsmuster, dass sich das schulische Leistungsniveau der Jungen nicht verschlechtert hat, sondern dass die Mädchen einen deutlichen Leistungszuwachs verbuchen, wodurch der mit *Jungenwende* betitelte Leistungsunterschied zu erklären ist. Das Underachievement von Jungen resultiert folglich aus dem gesteigerten Bildungserfolg der Mädchen, der der Mädchenförderung der letzten Jahrzehnte geschuldet ist (vgl. Stamm 2008: 115f). Die Begriffe Bourdieus nutzend, wurde in dem „Bemühen, die Benachteiligung für Mädchen im Ausbildungssystem aufzuheben" (ebd.: 115), vermehrt ökonomisches, soziales und kulturelles Kapital investiert; ökonomisches Kapital z.b. in Form von Computerkursen für Mädchen, pädagogisch betreuten Mädchengruppen bzw. –treffs, Frauenbeauftragten in Firmen, Hochschulen etc., Einführung von geschlechtergetrenntem Unterricht sowie speziellen Förderungsangeboten aus der Wirtschaft, wie das Mentoringprogramm YOLANTE von Siemens (vgl. Moser 2006: o.S.); soziales Kapital in Form von Praktika im Rahmen des *Girls days* oder bereitgestellte Beziehungsnetzwerke durch SozialarbeiterInnen, Frauenbeauftragte, Projekte etc. (vgl. ebd.) und kulturelles Kapital, z.B. in objektivierter Form durch das Verfügbar machen von Literatur und Musikinstrumenten (vgl. Koller 2004: 140-145).

Dieses Kapital wurde von den Mädchen aufgegriffen und durch ihre eigenen Anstrengungen in nützliche Fähigkeiten und Kenntnisse umgesetzt, was zur Steigerung der Schulleistungen führte. Zudem bewirkte der Feminismus, dass sich das inkorporierte kulturelle Kapital aktueller SchülerInnen erhöht hat. So haben die veränderte Rolle der Mütter/Frauen, ihr Einfluss im Elternhaus, ihre Erwerbstätigkeit und die Art der Arbeit, der Grad der Gleichberechtigung insgesamt, der Erziehungsstil und möglicherweise auch die Träume und Visionen die Übertragung von verinnerlichtem kulturellem Kapital für das weibliche Geschlecht erhöht. Das durch die Mädchenförderung bereitgestellte Kapital (aller drei Sorten) hat zur Anhäufung von kulturellem Kapital durch die Mädchen erheblich beigetragen bzw. dieses verstärkt und führt daher zum erhöhten Erwerb von institutionalisiertem kulturellem Kapital wie Bildungs- und Berufsabschlüssen. Diese können am Arbeitsmarkt meist in ökonomisches Kapital übertragen werden und kommen im Endeffekt der nächsten Generation (nicht nur) von Mädchen als inkorporiertes und objektiviertes kulturelles, sowie ökonomisches und soziales Kapital zu Gute (vgl. ebd.: 145f). Bourdieu, der durch seine Theorie zur Verbesserung von gesellschaftlichen Verhältnissen und zur gerechteren Verteilung von Lebenschancen beitragen wollte (vgl. ebd.: 138), hätte angesichts dieses Erklärungsmusters wahrscheinlich für eine Ausweitung der Förderangebote auf benachteiligte Schüler – seien es männliche oder weibliche – plädiert.

5 Literaturverzeichnis

Primärliteratur:

- Stamm, Margrit (2008): Underachievement von Jungen: Perspektiven eines internationalen Diskurses. In: Zeitschrift für Erziehungswissenschaft 11 (1), S. 106-124

Sekundärliteratur:

- Koller, Hans-Christoph (2004): Der Sozialisationsbegriff der Gegenwart: Bourdieu. In: Ders.: Grundbegriffe, Theorien und Methoden der Erziehungswissenschaft. Stuttgart, S. 138 - 156
- Moser, Gertrud (2006): Informationen für Mädchen [www.maedchen-infos.de/index.htm (03.12.2008)]
- Rohrmann, Sabine & Tim (2005): Hochbegabte Kinder und Jugendliche - Diagnostik - Förderung - Beratung. München
- Spiewak, Martin: Die Krise der kleinen Männer. In: *Die Zeit* (2007), Nr. 24, S. 37-39